AF562344

UN CAS DE FRAUDE NORMANDE

EN 1776

PAR

M. LE CHANOINE PORÉE

Vice-président de la Société libre de l'Eure
(section de Bernay)

ÉVREUX

IMPRIMERIE DU *COURRIER DE L'EURE*

4, rue du Docteur-Guindey

—

1900

UN CAS DE FRAUDE NORMANDE

EN 1776

PAR

M. LE CHANOINE PORÉE

Vice-président de la Société libre de l'Eure
(section de Bernay)

ÉVREUX
IMPRIMERIE DU *COURRIER DE L'EURE*
4, rue du Docteur-Guindey

—

1900

UN CAS DE FRAUDE NORMANDE
EN 1776

Séance de la Société libre de l'Eure tenue à la Barre le 9 septembre 1900.

Si l'on en croyait une foule de dictons populaires et même les assertions de bon nombre d'historiens, la Normandie aurait été jadis la terre classique de la chicane et le paradis des procureurs. Devant un tel accord, — on pourrait presque dire : une pareille unanimité, — il faut bien admettre qu'il y a quelque chose de fondé dans cette réputation de nos ancêtres; et cela s'explique. Au moyen âge, notre province était, de toutes les contrées de la France, celle où, relativement, le paysan était le plus heureux; il devenait facilement propriétaire. Or, quand on a longtemps travaillé pour acquérir et améliorer le champ que l'on transmettra à ses enfants, on est tout disposé à défendre énergiquement son bien contre les empiètements du voisin. L'esprit processif des Normands n'a donc été, à bien prendre, que l'excès d'une qualité, et sans doute aussi une preuve de leur confiance extrême dans la justice et en ceux qui étaient chargés de la rendre. Ces bons sentiments ne paraissent pas avoir sensiblement diminué de nos jours. Non seulement un Normand s'intéresse à ses procès, — ce qui est tout naturel — mais, par amour de l'art, il s'intéresse également à ceux des autres. Il est des gens pour lesquels entendre plaider est un régal, une jouissance, — et aussi un profit. N'y a-t-il pas toujours quelque chose d'utile à retenir dans les considérants d'un jugement? C'est, aux yeux des fervents de la chicane, comme la quintessence d'une leçon de droit civil ou commercial.

En faisant le récit détaillé d'un procès très vieux et très oublié, je n'ai pas la prétention de traiter une question de l'ancien droit normand; c'est simplement une page d'histoire locale que je me propose de rappeler ici.

La déclaration du 23 juin 1731 avait complètement changé la jurisprudence adoptée par le Parlement de Rouen, et suivant laquelle il était permis de vendre ou d'aliéner par contrat de change son fief par rapport au noble, et ensuite de vendre le domaine utile ou non fieffé à celui qui avait acquis le fief noble duquel relevait le domaine utile, ou sous un nom interposé, sans que ces contrats produisissent un droit de treizième au seigneur suzerain ou immédiat. Cette sorte de contrats, à cause de la division des actes et des acquisitions confidentiaires qu'elle facilitait, avait reçu le nom caractéristique de fraude normande.

Louis XV avait voulu mettre fin à ces pratiques, préjudiciables non seulement au retrait féodal et lignager et au droit de treizième perçu par le seigneur tenant en chef, mais aussi aux droits domaniaux de contrôle et de centième denier. Par la déclaration datée de Fontainebleau le 23 juin 1731, il fut décidé que, « lorsque la propriété « du fief et celle du domaine utile ou non « fieffé de la même terre, ayant été trans- « férées par des actes séparés, auront passé « de quelque manière que ce soit entre les « mains du même propriétaire dans l'es- « pace de dix années à compter du jour de « la première desdites aliénations séparées,

« il sera au choix des seigneurs dont la terre « sera mouvante de la retirer féodalement « en entier, ou d'exiger les droits de treizième « et autres portés par la coutume de Nor- « mandie, sur le même pied qu'ils auraient « été dus si le tout avait été aliéné par un « seul acte... Et au cas qu'il soit jugé qu'il y « a eu de la fraude, voulons qu'à l'égard « des droits seigneuriaux et de franc- « fief, ceux qui en auraient été tenus soient « condamnés au payement du double des- « dits droits, sans que ladite peine puisse « être remise ou modérée ».

Cette déclaration, par les peines sévères qu'elle infligeait, était de nature à décourager la fraude normande. Mais si elle devint plus rare, elle ne disparut pas tout à fait. Nous en avons rencontré un cas curieux dans les annales seigneuriales de la Barre, vers la fin du XVIIIe siècle.

Par acte sous seing privé du 6 septembre 1776, Mme de Binanville, tutrice et curatrice honoraire aux causes du marquis d'Abos, son fils, et M. Levasseur, curateur onéraire aux mêmes causes, avaient, de l'avis des parents du mineur, vendu avec toute garantie au sieur Jacques-Guillaume Bellaye, écuyer, fourrier des logis de la reine, seigneur de Landepereuse, et au sieur Chevalier, négociant, les terres et seigneuries de Saint-André et de la Barre, Gisay, Villers, les Trez, Saint-Ouen-de-Mancelles, et la baronnie des Bottereaux, avec toutes circonstances et dépendances, tant nobles qu'en rotures, sans en rien excepter ni retenir, le tout moyennant 263,000 livres de prix principal et 3,000 livres de vin.

Cette dernière somme fut payée comptant ; quant à celle de 263,000 livres, il fut convenu que les acquéreurs paieraient 43,000 livres au mois de décembre suivant, lors de la passation du contrat devant notaire, et que les 220,000 livres de reste seraient acquittées en deux termes égaux, de deux en deux ans, avec l'intérêt au denier 25, sans retenue, à compter du 1er octobre 1776. En conséquence, les sieurs Bellaye et Chevalier s'obligeaient solidairement, tant pour le principal que pour les intérêts, comme aussi à mettre Mme de Binanville en possession de la vente qu'ils jugeraient à propos de faire desdits biens, en sorte que les deniers qui en proviendraient lui seraient par eux remis en déduction des 220,000 livres qui resteraient dues à l'époque de la passation des contrats.

En outre, il était stipulé qu'ils jouiraient des terres et seigneuries ci-dessus énoncées à compter du 24 juin 1776, des arrérages des rentes seigneuriales, treizièmes et autres droits non payés, s'obligeant respectivement à passer devant notaire contrat de ladite vente le 1er décembre de la présente année; lequel contrat serait passé et divisé en deux ou trois autres, d'après le partage que Bellaye et Chevalier auraient préalablement fait des biens acquis.

Cet acte renfermait toutes les conditions essentielles à une vente parfaite. Mais comme il aurait donné lieu à des droits considérables de treizième et de franc-fief dont on voulait éviter la plus grande partie, les sieurs Bellaye et Chevalier choisirent chacun un prête-nom qu'ils firent aisément agréer, en se portant caution pour eux, et en demeurant solidaires pour l'acquisition.

Il fut donc passé devant les notaires de Paris quatre contrats sous la date des 4, 5, 6 et 7 décembre 1776.

Par le premier, on vendait au sieur Mongin, prête-nom de Bellaye, la baronnie des Bottereaux et les fiefs en dépendant, sous la réserve du domaine utile ou corporel, moyennant la somme de 12,000 livres;

Dans le second, au sieur Mahaut, notaire à la Ferrière, prête-nom de Chevalier, les fiefs de Saint-André et de la Barre, moyennant 15,000 livres, et pareillement sous la réserve du domaine matériel ;

Par le troisième, au sieur Bellaye, le domaine utile ou corporel de la baronnie des Bottereaux et des fiefs de Villers, Gisay et les Trez, moyennant 117,500 livres et 1,500 livres de vin ;

Enfin, par le quatrième, au sieur Chevalier, le domaine corporel seul des fiefs de la Barre et de Saint-André, moyennant 118,500 livres et 1,500 livres de vin. Toutes ces sommes réunies formaient celle qui avait été stipulée par l'acte sous seing privé du 6 septembre 1776.

Peu de temps après, les sieurs Bellaye et Chevalier, véritables et seuls acquéreurs, se faisaient donner par Mongin et Mahaut, leurs prête-noms, des procurations pour régir les fiefs, recevoir les aveux, tenir les gages-pleiges et payer les rentes seigneuriales.

La fraude normande qu'ils avaient commise ne put échapper à la vigilance du receveur du duc de Bouillon, dans la mouvance duquel était située la plus grande partie des biens. Il s'empressa de réclamer à Bellaye et à Chevalier le droit de treizième sur la totalité du prix stipulé par l'acte sous seing privé du 6 septembre 1776. Les deux acquéreurs comparurent à l'audience du bailliage de Beaumont-le-Roger, et, après une longue discussion, il leur fallut bien reconnaître l'existence de l'acte sous seing privé; mais ils s'attachèrent à le faire considérer non comme un contrat de vente, mais comme une simple promesse de vendre.

Le 23 mai 1780, le bailli de Beaumont rendit deux sentences. Dans la première, il donnait acte au duc de Bouillon et aux sieurs Chevalier et Mahaut « de ce qu'ils déclaraient être d'accord ». Il fut reconnu plus tard, en effet, que Chevalier avait payé ou promis de payer 6,000 livres de treizième. La seconde sentence portait, qu'attendu qu'il est constant entre les parties qu'il n'y a pas d'union entre les fiefs de Villers, Gisay et les Trez et la baronnie des Bottereaux, le treizième dû par les sieurs Bellaye et Mongin ne serait perçu que sur le prix pour lequel ladite baronnie était entrée dans l'acquisition.

L'existence de l'acte sous seing privé

de 1776 étant dûment constatée de l'avèu même des parties, la ferme générale intervint aux débats et fit signifier à Bellaye et à Chevalier une contrainte pour les obliger de représenter ledit acte et d'en payer les droits de contrôle et de centième denier, plus le triple de ce dernier droit, sauf à leur tenir compte des droits de centième denier qu'ils avaient acquittés personnellement sur les deux contrats passés en leur nom les 6 et 7 septembre 1776.

D'autre part, on avait réclamé à Bellaye le droit de franc-fief, comme s'il n'eût été qu'un simple roturier. Dans une lettre datée de Landepereuse et adressée le 12 juillet 1778 à un procureur au Parlement de Paris, Bellaye relevait dédaigneusement ces prétentions du fisc. « Etant menacé plus « que jamais, par le contrôleur des actes « dans le département duquel mes acquisi- « tions sont situées, d'être poursuivi pour « le payement des droits de franc-fief aux- « quels il prétend m'assujettir, j'ai donné « une requête à l'intendant de la généralité « d'Alençon, et j'ai écrit au directeur des « domaines de la même généralité. Ce der- « nier me demande 1° de justifier de ma « qualité de fourrier des logis de la reine ;

« rien de plus facile; 2° de prouver que je « suis porté sur l'état des officiers privilégiés qui s'envoie tous les ans à la Chambre « des comptes. C'est ce qui me reste à faire. « Je me suis adressé à la Chambre des « comptes de Rouen, dont le greffier ou « garde des archives a dit qu'il fallait avoir « recours à celle de Paris. Voudriez-vous « bien, mon cher ami, faire incessamment « cette recherche et m'adresser l'extrait dont « j'ai besoin ? Je ne serais pas certainement « inquiété si le contrôleur auquel j'ay affaire « n'était pas un vieux antropophage, qui « m'a voué, il y a vingt ans, une éternelle « haine. »

Bellaye, en sa qualité d'officier privilégié, ne paya pas le droit de franc-fief.

Sur la signification de la contrainte de la ferme générale, le sieur Chevalier avait présenté à l'intendant d'Alençon une requête tendant à démontrer que l'acte sous seing privé de 1776 n'était qu'une simple promesse de vente. Le directeur des domaines de la généralité d'Alençon prouva le contraire, en s'appuyant sur l'interrogatoire subi dans l'instance pendante au bailliage de Beaumont-le-Roger, et d'où il résultait que Mongin et Mahaut avaient fait acquisition pour Bellaye et Chevalier par les deux contrats des 4 et 5 décembre 1776. Il concluait que Chevalier et Bellaye devaient représenter l'acte sous seing privé du 6 septembre 1776, et en payer le droit de contrôle et de centième denier, plus le triple de ce dernier droit, comme d'une vente parfaite et consommée ; et qu'en outre, le sieur Chevalier, n'étant pas privilégié, devait payer le droit de franc-fief sur la totalité des objets acquis tant par lui personnellement que pour lui par le sieur Mahaut.

Le 10 mai 1781, l'intendant d'Alençon rendit une ordonnance par laquelle, ne considérant l'acte sous seing privé que comme une simple promesse de vendre, il déboutait l'administration des domaines de sa demande contre les sieurs Chevalier et Bellaye.

Mais l'administration des domaines, loin de lâcher prise, demanda au Conseil du roi la réformation de l'ordonnance de l'intendant ; et il faut bien reconnaître que les arguments qu'elle faisait valoir étaient difficiles à réfuter.

Mme de Binanville avait exigé que Bellaye et Chevalier cautionnassent Mongin et Mahaut ; ce qu'ils avaient fait par acte sous seing privé du 11 mars 1777.

Or, disait l'administration des domaines, sur quel fondement Mme de Binanville leur aurait-elle demandé ce cautionnement et l'auraient-ils donné eux-mêmes, quoiqu'ils n'en eussent point contracté l'obligation par les contrats passés devant notaire au mois de décembre 1776, si ce n'est parce que les sieurs Mahaut et Mongin n'étaient que des acquéreurs confidentiaires qui avaient acheté pour les sieurs Chevalier et Bellaye, et parce que Mme de Binanville était bien instruite de cet arrangement ?

Les interrogatoires fournissent encore la preuve que, lors de la sentence des gages-pleiges du fief de la Barre, vendu en apparence au sieur Mahaut par le contrat du 5 décembre 1776, ce fut le sieur Chevalier qui donna à manger au sénéchal et au greffier, le tout à ses propres frais, et que ce fut entre ses mains que le sieur Mahaut remit le montant des droits de treizième; et que, lorsqu'il s'agit de vendre le fief de la Barre, M. de Courteuvre, qui voulait l'acquérir, se présenta d'abord au sieur Mahaut, mais que celui-ci le renvoya au sieur Chevalier, qui fit et toucha le prix dudit fief, réglé par lui seul à la somme de 200,000 livres, indépendamment de celle de 600 livres pour pot de vin ; qu'enfin le sieur Chevalier ne faisait point mystère qu'il était le véritable propriétaire de ce fief, et que, s'il avait évité d'en paraître acquéreur direct, c'était dans le dessein de se soustraire au droit de franc-fief.

« Enfin, concluait l'administration des « domaines, les Srs Bellaye et Chevalier « doivent être condamnés à la représenta- « tion de l'acte sous seing privé du 6 sep- « tembre 1776, et au paiement des droits « de contrôle et de 100e denier, au triple de « ce dernier droit, et à 500 livres d'amende, « le tout sous la déduction des droits de « 100e denier qui ont été payés sur les « contrats à leur profit devant les notaires « de Paris. De plus, les tuteurs de M. le « marquis d'Abos doivent être personnel- « lement condamnés à représenter l'acte de « rétrocession qui a fait rentrer dans leurs « mains les fiefs qu'ils ont vendus aux « Srs Mahaut et Mongin, par les contrats « des 4 et 5 décembre 1776, après en avoir « déjà disposé en faveur des Srs Chevalier « et Bellaye par l'acte sous seing privé du « 6 septembre précédent, et lesdits tuteurs « seront tenus d'acquitter les droits de con- « trôle et de 100e denier dudit acte rétro-

« cessif, ensemble le triple du droit de 100e
« denier, et 500 livres d'amende ; ou bien,
« s'il n'existe point d'acte rétrocessif, ce
« qui ne peut s'expliquer qu'autant que les
« Srs Mahaut et Mongin n'ont point acquis
« pour eux les fiefs, mais pour les Srs Che-
« valier et Bellaye, possesseurs du domaine
« utile des mêmes fiefs, dans ce cas seule-
« ment les tuteurs de M. le marquis d'Abos
« seront déchargés des conclusions prises
« contre eux. Mais le Sr Chevalier sera tenu
« de payer le droit de franc-fief sur le pied
« d'une année de revenu, tant du domaine
« corporel ou utile que des fiefs de Saint-
« André et de la Barre, conformément à la
« déclaration de 1731, sauf à lui tenir
« compte du droit de franc-fief, et 8 sols
« pour livre payés par le Sr Mahaut, son
« prête-nom. A l'égard du Sr Bellaye,
« comme il est exempt de ce droit en sa
« qualité de fourrier des logis de la reine,
« il ne sera formé contre lui aucune de-
« mande, ni contre le Sr Mongin son prête-
« nom ; et même si ce dernier a payé, pour
« raison du contrat du 4 décembre 1776,
« quelque droit de franc-fief, il lui en sera
« fait restitution moyennant quittance et
« décharge valable. »

Ce mémoire de l'administrateur général des domaines fut signifié au sieur Bellaye, seigneur de Landepereuse et y demeurant en sa terre du Breuil, le 21 novembre 1782, par Jean Daviel, huissier audiencier en la vicomté de Breteuil.

Mais le sieur Bellaye mourut avant de voir la fin de son procès. Mlle Bellaye et son beau-frère, le sieur Quérey, marchand de toiles, rue des Penteurs, à Bernay, lui avaient été substitués dans la cause.

Le 20 janvier 1784, Mongin, le prête-nom de Bellaye au contrat du 4 décembre 1776, écrivait à Quérey, au sujet de l'affaire toujours pendante, une lettre dont les termes embarrassés décèlent suffisamment ses inquiétudes. Décidément, la tentative de fraude normande n'avait pas réussi. « Je « n'ai eu, Monsieur, aucune connoissance « de cette affaire... Peut-être serez-vous « obligé de venir à Paris où je serais bien « aise de vous voir. Si je peux vous en « épargner la peine et les frais, je vous prie « de ne pas me ménager et de m'indiquer « les moyens de défense que je devrai four- « nir. Je désire fort qu'il ne soit pas ques- « tion de la baronnie (des Bottereaux) pour « laquelle vous avez dû trouver la quittance

« de centième denier que j'ai donnée à feu « notre ami. »

En terminant, Mongin disait :

« On ne peut vous plaindre plus que je « ne le fais de cette vieille querelle que re« nouvelle l'administration, et j'ai bien du « regret que notre ami qui entendait par« faitement les affaires, ait eu assez peu « d'ordre pour n'en conserver aucune trace « par écrit. Il les avait toutes dans la tête ; « mais ce n'était pas assez pour ceux qui « lui survivent. »

Quelle fut l'issue de cet interminable procès ? Je n'ai pu le savoir.

89 approchait. En abolissant entièrement le régime féodal, l'Assemblée constituante anéantissait privilèges et privilégiés, et du même coup mettait fin à la plupart des actions judiciaires intentées en vertu de l'ancien droit féodal. Les législateurs allaient créer de toutes pièces une classification nouvelle de délits et de peines. L'antique fraude normande n'était plus qu'un souvenir.

NOTA. — Les pièces originales qui ont servi de base à cette étude appartiennent à l'auteur.

www.ingramcontent.com/pod-product-compliance
Lightning Source LLC
LaVergne TN
LVHW010328230826
846091LV00009B/3781

9782019215392